Cette grande Princesse
a des perfections,
Qu'on ne peut honnorer
d'assez dignes loüanges,

Elle se donne à Dieu
dans ses deuotions,
Et s'y fait presenter
par la Reine des Anges,

LE
VRAY TRESOR
DE L'HISTOIRE SAINCTE,

Sur le Transport miraculeux de l'Image
DE NOSTRE-DAME DE LIESSE.

Nouuellement composé par quatre Pelerins, faisans ce
sainct Voyage, en l'année 1644.

ENSEMBLE VNE INSTRVCTION
tres-salutaire aux Voyageurs, Auec vne Description
particuliere de tous les Lieux de leur Voyage.

Enrichy de plusieurs belles Figures en Taille-douce.

Le tout dedié à MADAME LA PRINCESSE.

A PARIS,

Par ANTOINE ESTIENE, Premier Imprimeur &
Libraire ordinaire du Roy, au College Royal.

Et se vendent,

Chez la Vefue DENIS MOREAV, ruë S. Iacques, à la
Salemandre : Et chez la Vefue IEAN LE BOVC, au
bout du Pont-neuf, prés les Auguftins ; Et au Palais.

M. DC. XLVII.

Auec Priuilege, & Approbation.

A MADAME,
MADAME
LA PRINCESSE.

ADAME,

Ie doy bien apprehender qu'on ne me reproche la hardieſſe que i'ay, de preſenter à voſtre ALTESSE, vn Ouurage de ſi peu de merite. Mais quand ie conſidere que Vous eſtimez beaucoup moins les belles Paroles que les bonnes Actions, ie me perſuade que i'en fais vne aucunement digne de voſtre Pieté, en vous dédiant l'Hiſtoire du Miraculeux Tranſport de l'Image de la Saincte VIERGE; quand ie ne ferois que teſmoigner

ã

en cette occasion mon zele pour cette Reyne du Ciel, dont
vous prenez en main les moindres interests, comme elle a
vn soin tout particulier des vostres. C'est elle qui vous
détachant des affections de la Terre, vous tire de temps en
temps de l'embarras du grand Monde, à la Solitude du
Cloistre, où vostre belle Ame s'entretient à tout moment
des hautes Merueilles que cette Puissante Reyne ne cesse
de faire en faueur des Personnes qui luy sont deuotes.
Vous estes des principales de ce nombre, MADAME,
C'est pourquoy l'on ne doit pas s'étonner, si elle vous obtient
de son Fils tant de Graces extraordinaires; C'en est vne
bien remarquable, de vous auoir donné pour Espoux le
premier Prince du Sang, qui auec son inclination natu-
relle à soustenir la Cause de DIEV, les Droicts de l'E-
glise, & les Interests de l'Innocence opprimée, possedoit
vne haute Prudence, & vne Conduite merueilleuse, qui
le rendoient capable de gouuerner tous les Peuples de la
Terre. Elle a esté suiuie de celle d'auoir vn Fils, ce Grand
Conquerant, que tout le Monde admire, & qui occupe
tout seul la Bouche de la Renommée. C'est, MADA-
ME, ce Heros Incomparable, à qui le Ciel a reserué la
Gloire de gaigner autant de Palmes qu'il donne de Batail-
les, & d'emporter toutes les Places qu'il attaque. Si le
Ciel s'est monstré si fort Partisan de sa Gloire, nous deuons
croire qu'en recompense il ramenera à la Foy cent millions
d'Ames Infideles, subjuguant tous les Peuples qui sont
Esclaues de la Tyrannie Otomane. La Chrestienté vous
sera redeuable de cette Conqueste, MADAME, comme des auancemens de la Foy, que fera Monseigneur le
Prince DE CONTY, qui attire maintenant sur luy les

yeux de toute l'Europe, & fait voir la fublimité de fon Efprit & de fon Sçauoir dans la Contemplation des Saints Myfteres de noftre Creance. La plus Diuine de toutes les Sciences, n'a rien de fi éminent qu'il ne furpaffe, & la Pourpre qui l'attend, tirera vn iour encore moins d'éclat de fa Naiffance, que de fon Merite. Jugez maintenant, MADAME, s'il fe peut rien adioufter à voftre contentement; & fi poffedant deux Fils, les deux Miracles de nos Iours, vous n'eftes pas la plus heureufe de toutes les Meres. Madame la Ducheffe DE LONGVEVILLE, voftre chere & Illuftre Fille, eft encor vn furcroift de voftre Bon-heur; Elle eft reconnuë en France, & dans les Païs eftrangers, pour l'Original parfait des Graces, l'inimitable Chef-d'œuure de la Nature, & le premier Ornement du Monde. Tous ces Dons du Ciel font couronnez de fa haute Vertu, de fon Amour faincte enuers DIEV, & de fon ardente Deuotion enuers la facrée Vierge MARIE fa Mere. Pour bien expliquer fes rares Qualitez, on n'a qu'à dire qu'elle vous imite; Vous, MADAME, qui faites la plus belle Partie de la tres-Illuftre Famille de MONTMORENCY, laquelle par vne Grace particuliere du Ciel, ayant eu le premier Baron Chreftien, vous a laiffé en heritage toutes ces belles Vertus, qui vous attachent fi eftroitement à Dieu, & vous donnent cét Efprit de la Mere de Mifericorde, qui fe plaift à confoler les Perfonnes affligées : Car par vos Soins charitables, vous remediez genereufement à la preffante neceffité des Pauures; & vous acquerez par ce moyen les Graces du Ciel, & la Veneration de toute la Terre. Ce n'eft donc pas fans fujet, MADAME, que ie vous offre la Veritable

Miraculeuſe Hiſtoire de N. DAME DE LIESSE, *Ie l'ay miſe en Vers, pour eſtre plus agreable au Public, à qui ie la donne, ſous le tiltre de quatre Pelerins, & ſous la Protection & la grande Puiſſance de voſtre Nom. Je m'aſſeure que vous ne la rebuterez pas, & que vous ſouf-frirez ce teſmoignage de la paſſion que i'ay de vous faire paroiſtre combien i'eſtime l'honneur de me pouuoir dire,*

MADAME,

De Voſtre ALTESSE,

Le tres-humble, tres-obeïſſant, tres-
obligé & tres-fidele ſeruiteur,
DE SᵗPERES.

PREFACE

PREFACE

DES QVATRE PELERINS
de Noſtre-Dame de Lieſſe.

AV LECTEVR.

E deſir ardent que nous auons de ſeruir
en toutes occaſions les Ames deuotes à
la VIERGE; & les Graces particulieres
par nous receües de cette Reyne des Anges, dans ſa ſaincte Maiſon de LIESSE, nous ont
obligez, Lecteur, à vous en donner icy l'HISTOIRE
Miraculeuſe. Ce n'eſt pas pourtant que nous igno-
rions, qu'elle n'ait eſté deſia pluſieurs fois miſe en
lumiere; & qu'ainſi, vous ne ſçachiez ponctuelle-
ment ce qu'elle contient : Mais apres tout, il eſt bien
certain que vous ne l'auez iamais veuë, ny en ce Volume, ny enrichie de ſi belles Figures; ny meſme
écrite en Vers, comme elle eſt, afin de vous en rendre
la lecture plus agreable. Le Sommaire par où nous
auons commencé, vous ſeruira d'Argument ; En
ſuite duquel, la Muſe celeſte, ſans fard, & ſans affet-
terie, vous apprendra les memorables éuenemens de
cette ſaincte IMAGE, diuinement tranſportée d'E-
gypte au tres-Chreſtien Royaume de FRANCE.
Or comme il eſt vray que la Diuerſité plaiſt natu-

ẽ

rellement dans toute forte d'Ouurages ; Il nous a
femblé à propos d'adioufter à celui-cy, vne Inftru-
ction en Profe, qui peut feruir à tous Pelerins, d'vne
Guide tres-affeurée dans ce Voyage. Car ils y ver-
ront exactement déduit, tout ce qui leur eft requis
pour le bien faire, n'eftant pas poffible que les Re-
gles qui leur font données pour cette fin, ne leur
foient tres-profitables, s'ils les obferuent.

Mais afin qu'il ne leur refte rien à defirer touchant
ce fainct Pelerinage ; nous le defcriuons icy de la façon que nous l'auons fait : Et poffible y trouueront-
ils encore quelque forte de Diuertiffement, foit par
le recit que nous y faifons de nos Aduantures particulieres ; foit par les foins que nous auons pris d'y
marquer les Noms, & les diftances des Lieux par où
nous auons paffé, iufques à noftre arriuée à LIESSE.
C'eft, Lecteur, ce qui fait la Conclufion de ce petit
Liure, dont nous vous prions d'agréer le trauail, le
rapportant à la plus grande Gloire de DIEV, & à
l'accompliffement des Vœux par vous faits à la tres-
fainct VIERGE fa Mere.

⚜ ⚜

SOMMAIRE

DE L'HISTOIRE, ET DES MIRACLES
de Noſtre-Dame de LIESSE.

AVANT-PROPOS.

Ncore que toutes les Oeuures de Dieu, que l'on appelle Naturelles, ſuffiſent à le fai-re Admirer & Craindre ; celles qui ſont Mi-raculeuſes & Surnaturelles, y contribuent dauantage ; non pour eſtre d'elles-meſmes plus difficiles à faire à ſa diuine Bonté, qui de ſa ſeule Parole peut tout ce qu'il luy plaiſt : mais parce que les produiſant par vn autre ordre que celuy qu'il a eſtably au Monde en ſon commencement, elles impriment plus auant dans l'Ame ſa Toute-puiſſance. C'eſt pourquoy ſouuent en l'ancienne Loy, il faiſoit des Miracles par les mains de ſes Prophetes, & Seruiteurs, tant pour les authoriſer, que pour ramener, ou maintenir ſon Peuple dans ſon deuoir, par l'ob-ſeruation de ſes Commandemens. Il n'a pas moins fauoriſé ſon Egliſe, pour l'eſtabliſſement de laquelle ayant daigné prendre chair humaine, non content d'auoir fait vne infi-nité de Miracles auant que de monter au Ciel, il luy en a laiſſé la puiſſance, non ſeulement en general, mais encore en particulier, à tous les Chreſtiens qui ſont de ſes Membres: *Celuy*, dit-il, *qui croira en moy, fera les œuures que i'ay faites, & meſme de piu grandes.* Auſſi depuis ce temps-là, les Apoſtres & pluſieurs grands Sainɔts, de ſiecle en ſiecle, iuſques à pre-ſent, tant durant le cours de leur vie, qu'apres leur mort, ont ſignalé leurs noms par diuers Miracles ; & l'Experience nous monſtre encore tous les iours, que beaucoup de Chreſtiens les inuoquant, ou ſe voiiant à eux en leurs neceſſitez, perils,

Ioan.
c. 14.

ou maladies, tout autre remede leur manquant, trouuent en eux des secours asseurez.

Si cette Puissance a esté donnée aux Saincts, en consequence de leurs Vertus, à iuste cause elle a esté donnée plus grande à la Bien-heureuse Vierge seule, qu'à tous les Saincts ensemble. Car les Saincts n'ont eu que des parcelles de la Grace, dont elle a eu la plenitude.

Les Saincts ont excellé, les vns en vne Vertu, les autres en vne autre : mais elle les a deuancez en toutes les Vertus. Les Saincts ont tous peché, ou au moins ont esté conceus en estat de Peché : elle seule a esté conceuë en l'estat d'Innocence, & n'a iamais peché ; si bien qu'à elle seule aussi conuiennent ces paroles de l'Espoux celeste, *Mamie, vous estes toute belle, & n'y a point de tache en vous.* Dieu donc, qui proportionne la recompense aux merites, faisant toutes choses auec nombre, poids & mesure ; ainsi qu'à cause de l'eminence des Vertus de la Bien-heureuse Vierge, il l'a constituée Reyne de tous les Saincts ; aussi a-t'il voulu que comme les Saints guerissent, les vns d'vne infirmité, les autres d'vne autre ; elle de mesme guerit des Hommes de toute sorte de maladies, & leur fust dans les Aduersitez vn remede salutaire.

Cant.
4.

Or entre les Vertus de la Saincte Vierge, bien qu'elle les ait toutes possedées au degré le plus parfait, auquel n'eust pû paruenir aucune creature, il y en a deux singuliers à remarquer sur ce sujet. La Virginité, qu'elle a premiere auant tous autres voüée à Dieu, & qu'elle luy a inuiolablement gardée auec vne pureté plus qu'Angelique ; & son extréme Humilité, admirable en ce qu'estant la plus belle, la plus vertueuse, & la plus parfaite des Creatures, elle s'est abaissée au dessous de toutes. Ces deux Vertus, par dessus les autres, ont attiré Dieu du Ciel, qui à cause de son infinie pureté, ne pouuoit naistre que d'vne Vierge, & qui regardant les choses humbles au Ciel & en la terre, sainctement amoureux de l'humble MARIE, s'est fait Homme pour estre son Fils : voulant en cette qualité s'abaisser au dessous d'elle, afin de l'éleuer à la dignité incomparable, & l'incomprehensible authorité de Mere de Dieu. Cela presupposé veritable, comme il est, si

Dieu

Dieu en recompenſe de quelque Vertu, a donné la puiſſance
des Miracles à ſes Seruiteurs, pour les rendre honorables aux
hommes, iugez quelle doit eſtre la puiſſance qu'il a donnée
à ſa Mere, pleine de Grace, & de toutes Vertus, pour la faire
honorer? Que n'aura fait vn ſi bon Fils pour l'amour d'vne
ſi bonne Mere? Certes il faut aduoüer, que comme la dignité de Mere de Dieu, eſt aucunement ſans bornes & ſans limi-
tes, l'Authorité & la Puiſſance que Dieu luy a donnez, en
conſequence de cette Qualité, quoy qu'elle ne ſoit pas
actuellement infinie, n'a point de bornes, ny de lieux, ny de
temps, ny de choſes. Il ne faut donc pas s'eſtonner, ſi par
toutes les regions de la terre il y a tant d'Egliſes & de Chapelles dediées à la bien-heureuſe Mere de Dieu, renommées
d'vn grand nombre de Miracles, qui s'y font tous les iours,
en faueur de ceux qui la reclament, ou qui ſe voüent à elle;
Dieu ſon Fils pouruoyant auec vn ſoin reſpectueux, à l'honneur de celle qui l'a porté dans ſes flancs, par tout où s'eſtend
ſa Puiſſance, & à l'accompliſſement de cette Prophetie de
ſon Cantique, où elle aſſeure, *Que toutes les Genarations la* Luc.
diront bien-heureuſe. 1e.

 Mais entre toutes ſes Egliſes, il y en a deux eſtimées par
deſſus les autres: l'vne eſt appellée *Noſtre-Dame de Lorette,* &
l'autre, *Noſtre-Dame de Lieſſe.* L'vne eſt ſa Maiſon de Naza-
reth, qu'elle a eu pour demeure ſur la terre, & en l'autre eſt
ſon Image, taillée dans ſon Palais eternel au Ciel. La Chambre de Lorette a eſté tranſportée pluſieurs fois par les Anges,
& ſignamment la derniere fois, au lieu que l'on appelle auiourd'huy LORETTE, en Italie: Et l'Image miraculeuſe de
N. Dame de Lieſſe a eſté tranſportée d'Egypte en France, au
lieu que l'on nomme auiourd'huy LIESSE, l'an 1131. Dieu voulant donner à ce Royaume tres-Chreſtien ce precieux gage
& Ioyau du Ciel, fecond en Miracles, pour le remede & le
ſecours des Affligez, & de tous ceux qui ont quelque neceſ-
ſité ſpirituelle ou temporelle, afin que chacun y adreſſant ſes
Vœux, honore ſa Bien-heureuſe Mere en cette Saincte Image qui la repreſente. C'eſt à quoy tend auſſi cette Hiſtoire,
que i'ay miſe en Vers François. Ie la commenceray par celle

qu'on a tirée des Archiues de l'Ordre de Sainct Iean de Hie-
ruſalem, & couchée aux Annales des Cheualiers de cét Ordre, appellez auiourd'huy, *Cheualiers de Malte*, par F. Mel-
chior Bandini, homme de grande authorité, qui eſtoit Cheualier de cét Ordre, en l'an mil quatre cens quarente-ſix ; &
depuis, par Frere Iacques Boſio, Cheualier, & Procureur
General du meſme Ordre, Autheur fort renommé, en l'Hiſtoire qu'il en a écrite.

Approbations des Docteurs.

NO vs ſous-ſignez Docteurs en Theologie de la Faculté de
Paris, certifions auoir leu vn liure intitulé, *Le vray Treſor de
l'Hiſtoire ſaincte, ſur le tranſport miraculeux de l'Image de Noſtre Dame
de Lieſſe*, compoſé par Monſieur de S. Peres : Dans lequel nous
n'auons rien trouué de contraire à la Foy ny aux bonnes mœurs.
Faict à Paris ce douziéme de Feburier 1647. M. GRANDIN.

IE ſous-ſigné Docteur Regent en ſaincte Theologie, de la Faculté
de Paris, au grand Conuent des Peres Cordeliers de la meſme
Ville, certifie auoir leu le liure intitulé, *Le vray Treſor de l'Hiſtoire
ſaincte, ſur le tranſport miraculeux de l'Image de Noſtre Dame de Lieſſe*,
nouuellement compoſé par quatre Pelerins faiſans ce Voyage en
l'année 1644. Dans lequel ie n'ay rien remarqué qui repugne à la
Foy Catholique, ny aux bonnes mœurs : Mais au contraire ie l'ay
iugé digne d'eſtre mis en lumiere, comme eſtant vtile pour exciter
les Fideles à la Pieté & deuotion enuers la Mere de Dieu, & leur en-
ſeigner les moyens qu'il faut obſeruer en viſitant les Lieux ſaincts,
pour en tirer du profit ſpirituel. Faict à Paris le neufiéme Feburier
mil ſix cens quarente-ſept. F. B. DE LAVAVX.

*Acheué d'imprimer pour la premiere fois, le dernier iour
de Feburier 1647.*

Guerir les diuers maux qui destruisent le corps,
Des passions de l'ame arrester la Furie,
Proteger les viuans, et donner vie aux morts;
Ce sont les doux effects des bontez de Marie.

LE
VRAY TRESOR
DE L'HISTOIRE SAINCTE,
Sur le transport miraculeux de l'Image
DE NOSTRE-DAME
DE LIESSE.

Nouuellement composé par quatre Pelerins, faisans
ce diuin Voyage, en l'année 1644.

E me sens transporté d'vne saincte manie,
Dont m'agite l'esprit ma celeste Vranie,
Et me ceignant le front de Lauriers toû-
    jours verds,
Ie medite desia mille & mille beaux vers.
  O Diuin Apollon, fay que ton influence
Tombe sur moy du Ciel, où ma Muse s'élance:
Elle ne peut sans toy pousser sa voix dehors,
Ny la ioindre non plus à tes diuins Accords.
  Saincte Mere de Dieu, Vierge tres-debonnaire,
Qui des foibles Mortels es l'appuy tutelaire;
Illumine mon cœur du feu du Sainct Esprit,
Pour estaller au iour ton los dans cét Escrit:
Mais arreste, Imprudent, ton entreprise est vaine,
Si tu n'es assisté de cette grande Reine;

A

Son Nom seul inuoqué, te seruant de support,
Peut mettre ton dessein & ton Nauire au Port,
Puis que sur l'Ocean c'est la brillante Estoille,
Qui sauue de débris le Nocher, & sa Voile:
Elle éclaire desia de ses Rayons dorez,
Ces sacrez Pauillons, & ces lieux adorez
Des grands & des petits, au sainct Bourg de Liesse,
Dont mes sens fouruoyez auoient perdu l'adresse.
O Vierge, empeschez donc qu'au fonds de cette mer
Mon fragile vaisseau ne se puisse abysmer:
Non, ne permettez pas qu'il s'eloigne & s'écarte
De vous, qui luy seruez de Boussole & de Carte;
Mais faites qu'en vistesse imitant les Oiseaux,
Sans crainte des escueils, il vole sur les eaux.

Quel Icare imprudent oseroit sans Zephire,
Commettre à ce Soleil ses deux aisles de cire?
Informez mon Esprit, comme en ces lieux jadis,
Vostre Image arriua du sacré Paradis;
Image la merueille & l'ornement de France,
Deuant qui le Malade appaise sa souffrance,
Deuant qui les Pecheurs prosternez à genoux,
Du Iuge Souuerain flechissent le courroux,
Deuant qui les grands Rois, & les puissans Monarques,
De leur Deuotion laissent de riches marques.

Donc par vous halené du vent du Sainct Esprit,
Ie vay mouiller mon Anchre au nom de Iesus Christ,
Et conter icy bas à la Race future
L'effet miraculeux d'vne saincte Auanture,
Aduenuë autrefois chez les Egyptiens,
Au Palais d'vn Soudan, à trois freres Chrestiens

De tres-illuſtre Sang, premiers de leur Prouince,
Qui dans l'occaſion auoient ſeruy leur Prince,
Seigneurs d'Eppe & Marchais, à trois licuës de Lan,
Et dans Ieruſalem Cheualiers de Sainct Iean.

   Les Fideles encor brúlans d'vne foy viue,
Que leur auoit acquis l'Egliſe Primitiue,
Croiſez en ce temps-là contre les Sarrazins,
S'en alloient les combattre, & les Peuples voiſins.
Ne pouuant endurer maint horrible blaſpheme,
Que ces gens circoncis vomiſſoient du Bapteſme,
Preferant à la loy de Mahom l'Impoſteur,
Celle de Ieſus Chriſt, noſtre vray Redempteur,
Et du faux Alcoran l'inſtruction nuiſible,
Aux ſaincts Enſeignemens contenus dans la Bible.

   Mais voila cependant Bellonne, dont la main
Entaſſe corps ſur corps dedans le ſang humain;
Tout le Camp retentit du cliquetis des Armes,
La crainte ſe redouble au milieu des alarmes,
L'on ne void que ſoldats eſtendus par les champs,
Effroyable moiſſon des coutelas trenchans;
Par tout l'effroy, l'horreur, le meurtre & le carnage,
De la mort ſans pitié repreſentent l'image;
La Victoire balance, & de tant de Guerriers
L'on ne ſçait quel Party gaignera des Lauriers:
Mais enfin la Deeſſe aux cornes argentines,
Separe des Chreſtiens les troupes Sarrazines;
Et le Chef dans le camp rejoint de toutes pars
Les ſoldats échappez de la fureur de Mars.

   Alors à la reueuë, & de ceux que la Parque
A paſſez chez Charon dans ſa fatale Barque,

Et de ceux que le Sort a rendus prisonniers;
Comme on se fut enquis des Chefs iusqu'aux derniers,
Trois braues Cheualiers de Nation de France,
Freres germains de sang, & d'illustre naissance,
Du General d'Armée vn long-temps attendus,
Au grand regret de tous se trouuerent perdus:
Mais enfin l'on apprit pour dernieres nouuelles,
Que s'estans auancez contre ces Infideles,
Transportez d'vn sainct zele, & sortis hors de rang,
Ils auoient combattu d'vn courage si franc,
Qu'au milieu des perils, ardans à la conqueste,
Ils s'estoient embarquez, sans craindre la tempeste.

 Cependant assaillis par ces faux Mescreans,
Contre le iuste Ciel à tout coup maugreans,
Eux trois, sans s'estonner d'vne attaque si rude,
Resistent de pied-ferme à cette multitude;
Quelques forts & serrez que soient les bataillons,
Plus vistes qu'vn éclair, & tels que des lions,
Ils se font iour par tout auecque leur espée,
Qui tient de tous costez leur valeur occupée;
Icy sont estendus mille corps tronçonnez,
Comme arbres que le vent auroit desracinez:
Icy l'on void des mains, là des testes tranchées,
Et d'armes & de morts les campagnes ionchées.

 Dans ce tragique lieu nos trois vaillans Guerriers
Tombent, en combattant tous couuerts de lauriers,
L'ennemy les saisit, pleins de sang & de poudre,
Bien que de Mars vengeur ils dédaignent la foudre.
Alors on les presente au Soudan souuerain,
Qui les reçoit tous trois d'vn visage serain:

Mais

Ces trois freres Chrestiens fermes en leur Creance,
Des profanes docteurs confondent la Raison
Mais ces laches vaincus pour en tirer vengeance
Conseillent au Sultan de les mettre en Prison.

J. Stella jnuenit.   J. Couuay Sculpsit.

Mais c'eſt vn fier Aſpic, qui ſe cachant ſous l'herbe,
Eſpand ſon noir venin contre le ſacré Verbe;
C'eſt vn Loup rauiſſant, qui déguiſe ſa peau,
Et qui pour mieux tromper prend celle d'vn Agneau.
  Auſſi toſt qu'il les void, il admire en leur face
Des marques de Valeur, de Nobleſſe, de Grace,
Aimables qualitez de cette Nation,
Qui doit ſon origine au ſang de Francion :
Par des propos flateurs d'abord il les attire,
Puis affilant ſa langue, il ſe plaiſt à meſdire
De leur Religion, dont il appelle vains
Les Articles ſacrez, & les Myſteres ſainéts;
Parle de Mahommet, & de ſes reſueries,
Et leur promet enfin tout l'or des Heſperies,
S'ils veulent renoncer Ieſus-Chriſt & ſa Foy,
Pour ſuiure vn faux Prophete, & fléchir ſous ſa loy.
Mais à peine a-t'il dit; Que ces braues Genſd'armes
Par leur geſte font voir qu'ils dédaignent ſes charmes,
Et proteſtent tout haut de viure & de mourir
En la Loy du Sauueur, iuſqu'au dernier ſoûpir.
  On euſt oüy pour lors ces hommes pleins de ruſes,
Eſpandre parmy l'air vn bruit de voix confuſes:
Quoy (diſent ces Doéteurs commis par le Tyran,
Pour forcer ces Chreſtiens à ſuiure l'Alcoran)
Ces ieunes Effrontez meſpriſent noſtre Prince,
Qui les veut éleuer ſur ceux de ſa Prouince,
Les rendre ſes égaux, & partager entr'eux
Les biens de ſes Eſtats les plus aduantageux,
Les faiſant Generaux de toutes ſes Armées,
S'ils veulent renoncer au Dieu des Idumées?

O que l'on doit blaſmer l'eſtrange aueuglement
De ces gens, dont l'eſprit n'eſt que déreglement,
Et qui ſe laiſſent choir dans mille precipices,
En pouuant s'éleuer au ſommet des delices.
Mais puis que le Soudan n'en peut venir à bout
Par amour ny par force, & qu'il y perd le tout,
Ne fera-t'il pas bien d'exercer ſa puiſſance
Contre ces Detracteurs qui morguent ſa creance?

   Si toſt qu'ils eurent dit, le Soudan deſpité
Fremit dedans ſon cœur, tel qu'vn Tygre irrité;
Et comme apres le calme on void venir l'orage,
Ainſi de ſa douceur il fit naiſtre la rage
Contre ces Cheualiers, qui furent mis aux fers,
Pour ne vouloir fléchir ſous la loy des Enfers.

   Le Tyran à l'inſtant tout confus ſe retire,
Comme il ne peut ſur eux auoir aucun empire,
Iure par ſon Prophete, appelle ſes Cadis,
Et traitte ſes Docteurs, d'Ignorans, d'Eſtourdis,
Dignes de chaſtiment, pour n'auoir ſceu reſpondre
Aux Cheualiers Chreſtiens, qu'on a veu les confondre.
Il enrage tout vif de ce ſanglant affront,
Et ne peut ſupporter l'aſſeurance qu'ils ont,
De ne point s'émouuoir de promeſſes, de graces,
Ny d'offres qu'il leur fait, non plus que de menaces.

   Cét affront toutefois luy renforce le cœur,
Comme Anthée il reprend de ſa cheute vigueur,
Et par ce traict nouueau qu'à ſon arc il entoiſe,
Il tente ces Germains de la terre Lannoiſe.
Sçachant combien Amour fait de coups glorieux,
Quand c'eſt vne Beauté qui les darde des yeux;

Ayant fait appeller la Princesse Ismerie,
Ma fille (luy dit-il) que i'ay tousiours cherie,
Va dedans les cachots, & fay de tes regards
Contre ces Estrangers des éclairs & des dards;
Reduy-les à mourir par tes viues amorces,
Tu ne connois que trop ton pouuoir & tes forces,
Ton langage est si doux, & tellement poly,
Que le cœur le plus dur en peut estre amoly:
Les attraits nompareils dont le Ciel t'a pourueuë,
Seront assez puissans pour leur charmer la veuë;
Vaincus par tes appas, ils me rendront vaincœur
De leurs cruels mespris, qui me percent le cœur;
Va donc tout maintenant contenter mon enuie,
Si tu veux plus long-temps me conseruer en vie.

   Ismerie à ces mots vole dans la prison,
Croyant par ses beautez enchanter la raison
Des Cheualiers captifs, & lancer dans leur ame
Vn de ces traits qu'Amour embrase de sa flame:
Par ses discours flateurs elle croid les tenter,
Mais ces Guerriers constans ne daignent l'écouter.

   Ce premier coup d'essay finy de cette sorte,
Fait que le fier Soudan hors de soy se transporte,
Et qu'il fait resserrer bien plus estroitement
Ceux dont la fermeté redouble son tourment:
A ce coup Ismerie aspirant à la gloire
De remporter sur eux vne pleine victoire,
Retourne à la prison, & les remet au cours
Des poincts controuersez en leur premier discours:
Mais la Belle se rend, & quittant la partie,
Est par les trois Chrestiens à la Foy conuertie:

Ils

Ils luy diſent alors, auec tant de ferueur
Ce que peut dans le Ciel la Mere du Sauueur,
Qu'elle offre aux Cheualiers de luy rendre humble hom-
S'ils luy veulent donner, ou faire ſon Image;   (mage,
Et de rompre les fers dont ils ſont enchainez,
En danger de languir touſiours empriſonnez.

    Ces trois Freres jaloux du ſalut d'Iſmerie,
Offrent à ſes deſirs l'Image de Marie,
Pourueu que pour l'Ouurage elle prenne le ſoin
De fournir de matiere & d'outils au beſoin.
Mais cependant la nuiĉt nous ramenant les ombres,
Des plus belles couleurs en fait des objets ſombres,
Et la Lune ſemble eſtre vn filet argenté,
Venant renouueller ſa changeante beauté,
Quand ce nuage obſcur, qui l'Vniuers enſerre,
Ouure autant d'yeux au Ciel, qu'il en ferme ſur terre.

    Mais ceux des Cheualiers furent touſiours ouuers,
Et leurs eſprits geſnez de mille ſoins diuers.
Dans cét obſcur Cachot, horrible ſolitude,
Où regnoit le chagrin, ioint à l'inquietude,
Ils eſtoient tous penſifs, pour ne ſçauoir comment
De l'Ouurage promis s'acquitter dignement.
Ils ignoroient tous trois le bel Art de Sculpture,
Et ces rares ſecrets qu'enſeigne la Peinture.
S'il falloit chamailler, au milieu des Combats,
Forcer vn Bataillon, mettre des Murs à bas,
O qu'auecque plaiſir, pour vn ſujet ſi digne,
Ils brigueroient l'honneur d'vne Victoire inſigne!
Mais de faire vn meſtier qu'ils n'ont iamais appris,
C'eſt ce qui ne ſe peut, & qu'ils ont entrepris.

C

Les deuots Cheualiers ayant receu des Cieux
Comme vn Trefor facré, l'Image de MARIE
Adorent humblement ce gage precieux,
Que reçoit par leurs mains la Princeffe Ifmerie.

Si falloit-il pourtant acquitter la promeße,
Qu'ils en auoient donnée à la belle Princeße.
En ces extremitez ils éleuent les yeux
Vers les Monts où ſe tient l'Architeĉte des Cieux,
Ils ont recours à luy, puis à ſa ſainĉte Mere,
Qu'ils inuoquent de cœur en leur douleur amere.
O que Dieu de tout temps admirable en ſes Saints,
Seconde à ce beſoin leurs illuſtres deſſeins !
L'Image vient du Ciel, la Nuiĉt luy fait hommage,
Et les Deuots Captifs en adorent l'Ouurage.
Miracle merueilleux ! Allegreße, Chreſtiens,
O grand Dieu qu'il eſt doux d'eſtre toûjours des tiens !
Les Cheualiers alors deſpouïllez de triſteße,
L'honorent du beau Nom de Reyne de LIESSE,
A raiſon de la Ioye épanduë en leurs cœurs,
Quand des Mahometans ils ſe virent vaincœurs.

*   L'Aube n'auoit changé la nuiĉt au iour encore,*
Quand la belle Iſmerie, vne ſeconde Aurore,
Vint éclairer ces lieux, où iamais le Soleil
Ne penetra dedans des rayons de ſon œil;
Et n'y fut pas pluſtoſt, que des rayons celeſtes
Furent de ſon bon-heur les ſignes manifeſtes.
A ces diuins Brillans de gloire & de ſplendeur,
Vn parfum ſe meſla, d'incomparable odeur,
Vn objet ſi charmant la comble de merueille,
Et luy cauſe vne ioye à nulle autre pareille:
A la fin les Chreſtiens d'vn cœur deuotieux
Luy preſentent le Don qu'ils ont receu des Cieux;
Et pour luy teſmoigner que cette belle Image
Du ſouuerain Ouurier eſtoit vn digne Ouurage,

Ils luy font voir entier auec humilité
Ce bois, ce mesme bois qu'elle auoit apporté,
Sa Foy s'en affermit, & d'vn zele incroyable,
Soudain elle reçoit ce Portrait adorable,
Chef-d'œuure des Esprits à iamais bien-heureux,
De la Reyne du Ciel sainctement amoureux.
Alors d'vn si grand bien connoissant l'origine,
Comme vn effet certain de l'Image diuine,
Elle iure aux Captifs, pleine de Charité,
De se mettre auec eux en pleine liberté,
De quitter pour iamais l'infame Paganisme,
D'embrasser sur les Fonts le S. Christianisme,
Et mesme de sortir de son Païs natal,
Pour estre à son Salut, & nuisible & fatal.

En suite de ces mots, elle sentit son ame
S'embraser viuement d'vne nouuelle flame;
Elle eut tousiours depuis l'Image dans ses mains,
Et luy fit mille Vœux, qui ne furent pas vains.

De ce pas resoluë, & feignant sa parole,
A son Pere elle accourt, le flate, le cajole,
Et fait mesme esperer à ce pauure Insensé
De terminer bien tost le Projet commencé.
Retirée en sa chambre, & pleine d'allegresse,
Elle adore à genoux sa nouuelle Maistresse;
Implore son secours, & met entre ses mains
Le Salut de son ame, & celuy des Germains.
Mais parmy l'entretien de sa saincte Priere,
Elle sent le Sommeil, qui ferme sa paupiere,
Et ne pouuant parer à ses aymables coups,
Elle cede par force à cét hoste si doux,

S'endort,

La fille du Souldan d'vn Saint Zelle enflammée
De la Reine du Ciel Inuoque la Bonté,
Et lors que le Sommeil sa paupiere a fermée
La Vierge l'Esueillant luy dict sa Volonté

S'endort, &) cependant vne flamme volante,
Telle que la lueur de quelque Eſtoille errante,
Brille deſſus ſon lict, & puis en vn moment,
S'exhale vn doux parfum dans ſon apartement:
Cét adorable Objet la comble de merueille,
Dautant que c'eſt la Vierge à l'Image pareille,
Qui s'apparoiſt alors pleine de Majeſté,
Et les Anges auſſi volent à ſon coſté:
Sors, dit-elle, bien toſt, & viſte à tire d'aile,
Va-t'en hors des Eſtats de ton Pere Infidele:
Emmene auecque toy ces Deuots Cheualiers,
Et rompts à meſme temps leur chaine & leurs coliers.
Ie te promets Bapteſme, ô conſtante Iſmerie,
Et de changer ton nom en celuy de Marie.
Soudain diſparoiſtront par la ſainCte Liqueur,
Tous ces prophanes ſoins qui logent dans ton cœur;
Chaſſe de ton eſprit ce qui le rend timide,
Tu m'auras en chemin pour ta fidele Guide,
Tes ſuccez reſpondront à tes humbles deſirs,
Et ie te combleray de celeſtes plaiſirs;
Deuant mon cher Eſpoux tu rendras ton hommage,
Ta lampe pleine en main, comme vne Vierge ſage.
    A ces mots s'arreſta cette diuine voix
De la Reyne du Ciel, Mere du Roy des Rois;
Et la Princeſſe alors voyant qu'elle s'enuole,
Pour la remercier par vne humble parole,
L'arreſte par ſa robe, aux franges de fin or,
Ainſi qu'il luy ſembloit: mais ce ſacré Treſor
Se gliſſa de ſes mains, ne laiſſant dans ſa chambre (bre.
Qu'vn parfum bien plus doux que le Muſc ny que l'Am-

D

Ainſi la Viſion diſparut à ſes yeux,
Et la fit reuenir au ſomme gracieux.

    Auſſi toſt que la Nuict eut retendu ſes voiles,
Et l'Aurore chaſſé les brillantes Eſtoilles,
La Princeſſe parée en veſtemens Royaux,
S'en alla viſiter les Cheualiers loyaux.
Entrée en la priſon (qui par vn grand miracle
S'ouurit à ſon abord) elle leur dit l'Oracle
De la Vierge apparuë, & tous quatre en ce lieu
Ne ceſſent de chanter les loüanges de Dieu.
La Princeſſe auec eux ſe reſout à la fuite,
D'abandonner ſon Pere, & l'Empire d'Egypte,
Et lors tous quatre enſemble, apres leurs Oraiſons,
Sortent en liberté de ces noires priſons :

    Deuant le poinct du iour ils ſont hors de la Ville,
Et comme ils ont gaigné le riuage fertile
Du grand fleuue du Nil, dont les humides bras
Rendent tout le terroir, & limonneux & gras;
Vn ieune Homme inconnu, qui deuers eux arriue,
Auecque ſon batteau les paſſe à l'autre riue,
Et les rend tous confus, lors qu'au ſortir du Lac
Ils n'apperçoiuent plus ny Batelier ny Bac:
Ce qui me fait iuger que cette Ayde admirable
Eſt vn effet de Dieu, qui leur eſt fauorable.

    A peine la Princeſſe eut marché quelque temps,
Ayant le cœur plus libre, & ſes deſirs contens,
Que laſſe du chemin, il luy prend vne enuie
De ſe rendre au Sommeil, doux charme de la vie:
Ainſi pour repoſer à l'ombre des Palmiers,
Elle s'éloigne vn peu des diſcrets Cheualiers,

Qui voulans imiter leur Compagne fidele,
Se tirent à l'escart, & reposent comme elle.
　La Vierge cependant, pleine de Charité,
Vaisseau d'Election, remply de Pureté,
Abrege leur chemin, & les transporte en France,
Afin de les tirer tout à fait de souffrance.
Que ce Miracle est grand, & qu'on le louë aussi!
Que d'accidens diuers se remarquent icy!
Le soin du Createur enuers sa Creature,
Et le pouuoir de Mere enuers sa Geniture.
　Apres auoir finy leur desiré sommeil,
O que d'estonnement ils ont à leur resueil!
Que de rauissemens! que de transports estranges!
Se voyans de si loin transportez par les Anges.
　Desia l'Aube cessoit, & le Pere du Iour
Prenoit de ses Coursiers les resnes à son tour,
Quand vn ieune Berger se trouua de fortune
Prés de nos Pelerins, à cette heure opportune;
Sa douce Cornemuse en ces champestres Lieux,
Faisoit retentir l'air d'vn son melodieux:
Mais si tost qu'il les void, incertains de leur route,
Il les asseure au vray, pour les tirer de doute,
Qu'ils sont prés de Marchais, l'vne de leurs maisons,
Païs fertile en bleds dans les belles saisons.
Cét Aduis merueilleux, que le Berger leur donne,
Les rend pensifs d'abord, les surprend, les estonne.
Mais cét estonnement porte sa gayeté
Emprainte sur le front, comme la liberté.
　Les Anges auoient mis la Princesse Ismerie,
Prés d'vne onde d'argent, sur la verte prairie;

Les freres ayant pris la Sultane, auec eux,
Et trauersé le Nil, apres leur desliurance,
Par vn Euenement du tout miraculeux,
Se trouuent transportés au Royaume de France.

Où surprise de peur, durant son grand transport,
Elle mit le Tableau de la Vierge au rebord :
La Fontaine à l'instant enflant sa claire source,
Enleua le Portrait droit au fil de sa course.
Mais apres cette peur, la Princesse reuint
Chercher ce sainct Objet, dont elle se souuint:
Il estoit au milieu de ces eaux argentines,
Qui tiroient le secret de ses Vertus diuines,
Pour desormais guerir & rendre la Santé
A tous les Pelerins, dans leur infirmité :
Depuis ce temps, ces eaux conseruent ce Miracle,
Et les Fiéureux y vont, comme à leur sainct Oracle.

   Le Berger qui reprend, apres maint & maint coup,
L'innocente Brebis de la gueule du Loup,
A moins dedans son cœur, & d'aise & de liesse,
Qu'en eut à cette fois la vaillante Noblesse,
De reuoir en ces lieux les trois braues Germains,
Qu'on tenoit pour iamais dans les fers inhumains
De la Gent Sarrasine, ou peris dans les armes:
Mais leurs Parens sur tous en respendoient des larmes,
Que le contentement qu'ils prenoient par excez,
Attiroit de leurs yeux, pour vn si bon succez;
Et c'estoit iustement, qu'en tout sexe, & tout âge,
Grands, petits, ieunes, vieux, benissoient ce Voyage.

   Apres le Compliment, la Feste se passa,
Et chacun des Voisins en repos les laissa.
Or bien qu'on admirast la Princesse Ismerie,
L'on admiroit bien plus l'Image de Marie,
Qui transmise icy bas du haut du Firmament,
Remplissoit les esprits d'vn sainct estonnement.

E

Tous s'eſtans retirez, la Princeſſe eſtrangere
Reçoit des Cheualiers (auſquels elle eſt ſi chere,
Ayant quitté pour eux, & Païs & Parens,
Vn Royaume aſſeuré, des Treſors apparens)
Les ſoins officieux de preparer ſon Ame,
A prendre aux ſacrez Fons le celeſte Dictame.

   Mais afin que la Pompe honoraſt l'Action,
Et la fit éclater dans ſa perfection,
Les trois Freres ſuiuis par vne foule eſpaiſſe,
A l'Eueſque de Lan amenent la Princeſſe,
L'Eueſque l'accueillant auecque charité,
La conſacre à l'Autheur de toute Verité,
Luy donne le Bapteſme, & des graces nouuelles,
L'admettant, comme il fait, au nombre des Fideles.
Puis inſpiré d'enhaut, luy donne en meſme temps
Le beau nom de MARIE, au gré des Aſſiſtans,
Et des Preux Cheualiers l'incomparable Mere,
Eſt priſe pour Marraine en ce diuin Myſtere.
Par qui ſont reſiouïs en ces terreſtres lieux,
Tous les deuots Chreſtiens, & les Anges aux Cieux.
Cette Solemnité, que tout le Monde admire,
Se finit de la ſorte, & chacun ſe retire.

   Comme le Pelerin, apres pluſieurs trauaux,
Deſireux de finir ſon Voyage & ſes maux,
S'épanouït le cœur, & ſa ioye il eſtale,
D'auſſi loin qu'il peut voir ſa demeure natale;
Ainſi les Cheualiers deliurez de leurs fers,
Et des ſombres Cachots, vrais portraits des Enfers,
Sont rauis de plaiſir dans leur chere Patrie,
Et recourent ſoudain à l'humaine induſtrie.

La Sultane reçoit d'vn Prelat venerable,
Le Babtesme diuin, Source de Pureté,
Et par vn Saint Decret, dans le Ciel projetté,
On luy donne le Nom de la Vierge adorable.

Pour tascher d'éleuer vn Temple glorieux,
A l'honneur immortel de la Reyne des Cieux,
Pour les auoir tirez du cruel Esclauage
Des ennemis de Dieu, contr'eux remplis de rage.
Ce Vœu par eux promis, donne commencement
Au dessein projetté du sacré Bastiment.
L'Euesque le permet, & mesme y fait largesse,
Inuoquant à genoux la Mere de Liesse.

Comme pour ce Projet on veut choisir vn lieu,
Par vn visible effet des merueilles de Dieu,
Dans vn Clos verdoyant l'Image transportée,
Est là comme vn beau Lys diuinement plantée,
Faisant voir que la Vierge, en faueur des Mortels,
Pour receuoir leurs Vœux, y vouloit des Autels.
Les Cheualiers soumis à la Volonté saincte
De la Mere de Dieu, la suiuent sans contrainte;
Et desireux de voir l'Edifice esleué,
N'ont iamais de repos, qu'il ne soit acheué.

Ainsi dans peu de temps fut basty ce beau Temple,
Qu'auec rauissement le Pelerin contemple,
Où la Princesse offrit auec humilité,
Et son Ame & son Corps, & sa Virginité.
La Mere des Heros fut Mere à la Sultane,
Et tant qu'elle vescut, sa claire Tramontane,
L'accompagnant toûjours auec beaucoup d'ardeur.
En ce lieu d'Oraison, de gloire & de splendeur,
Lieu qu'elle destina, pour estre enseuelie,
Quand il plairoit au Ciel de terminer sa vie;
Lieu sainct, sacré Palais, où sont les vrais Tresors,
Pour le soulagement de l'Esprit & du Corps.

Temple

Dans vn clos verdoyant, où s'arreste l'Image,
La Vierge ayant choisy ce lieu sur tous les lieux,
L'on resout de bastir son Temple merueilleux,
Où vont les Pelerins, et luy rendent Homage.

Temple donnant son nom au S. Bourg de LIESSE,
Et dont mesme auiourd'huy tout le monde confesse,
Qu'il est le vray Refuge, & l'Azile puissant,
Qui fait que de nos Rois le Sceptre est fleurissant;
Temple où de toutes parts les Royales Personnes
Fléchissent les genoux, & posent leurs Couronnes;
Tesmoin nouuellement la Reyne des Anglois,
Dont le Vaisseau party du Clymat Holandois,
Sur les costes de Douure, agité de l'orage,
Fut presque submergé par vn triste naufrage:
Mais ayant fait son Vœu, la tourmente cessa,
Si bien que sans peril la Princesse passa,
Et fit present depuis à la Reyne des Vierges,
D'vn Nauire d'argent, & de maints & maints Cierges.
   Que si i'entreprenois d'écrire les grands Biens,
Qu'en diuerses façons la Vierge fait aux siens;
S'il me falloit au long déduire les Oracles,
Rendus à ses Deuots, ses Faueurs, ses Miracles,
Ie manquerois de temps, sans pouuoir en effet
En donner au Public vn Volume parfait:
Il suffit à celuy qui lira cette Histoire,
D'y soumettre ses sens, l'admirer, & la croire.

INSTRVCTION
DES QVATRE PELERINS,
A CEVX QVI FONT LE VOYAGE
de Noſtre-Dame de Lieſſe.

APRES tant de miraculeux Exemples, qui nous inuitent à viſiter le lieu ſainct de Lieſſe, & d'y auoir recours en nos afflictions & neceſſitez, il faut que le Pelerin qui entreprend d'en faire le Voyage, ſçache comme il ſ'y doit comporter, pour ſ'en acquitter vtilement. Car bien que les Pelerinages ſoient ſaincts, & qu'ils ayent eſté pratiquez de tout temps, tant en la Loy ancienne, qu'en la nouuelle; les Patriarches, & le Peuple conduit par Moïſe; noſtre Seigneur meſme, ſes Apoſtres, & les Saincts ayans tous eſté Pelerins ; Si eſt-ce que beaucoup de Chreſtiens, qui vont en Pelerinage, faute de ſuiure le chemin qu'ils leur ont tracé, n'en remportent pas le fruict qu'ils en deuroient recueillir.

La premiere choſe, à laquelle le Pelerin de Lieſſe doit prendre garde, c'eſt que l'intention & la fin de ſon Voyage ſoit bonne & ſaincte ; non pour paſſer le temps, ou contenter ſa curioſité, mais pour la gloire de Dieu, & l'honneur de ſa ſaincte Mere;

foit qu'il defire obtenir d'eux quelque Grace, ou les
remercier de quelque faueur receuë, ou faire quelque fatisfaction de fes pechez. Y aller par defbau-
che, & fe feruir du Pelerinage, pour couurir vn
mauuais deffein, c'eft Sacrilege, & Impieté. Car
c'eft abufer d'vne chofe faincte, & prophaner vne
œuure facrée. L'intention donc eft à prefuppofer
telle qu'elle doit eftre, faincte, & bonne.

Il faut que les moyens d'y paruenir y foient pro
portionnez, defquels aucuns doiuent preceder le
Pelerinage, d'autres l'accompagner, & d'autres le
fuiure : Entre les chofes qui doiuent preceder ; at-
tendu qu'aucune bonne œuure ne peut eftre bien
agreable à Dieu, eftant faite en eftat de peché, la
premiere difpofition requife, eft vne bonne Con-
feffion, & f'il eft poffible, la faincte Communion,
afin de f'acheminer en la compagnie de Dieu. Le
mefme doit eftre pratiqué par ceux qui voüent ce
Pelerinage, eftant befoin pour le voüer vtilement,
que l'Ame foit nette de Peché, & bien vnie auec
Dieu. Toutefois aux perils foudains, efquels on
n'a aucun loifir de fe Confeffer & Communier, il
fuffit d'auoir au cœur la Contrition de fes fautes, &
le propos de s'en Confeffer à la premiere commodité. En cét eftat, celuy qui auec vne ferme Foy, &
vne totale confiance en la Bonté & Mifericorde infinie de Dieu, fait fon Vœu, reçoit miraculeufe-
ment du Ciel le fecours qui luy manque en terre,
s'il luy eft vtile ou expedient. De mefme quand on
eft preffé de fe mettre en Voyage, par vne occafion

ou commodité presente, laquelle vne autre fois on ne pourroit pas recouurer aisément ; si le loisir ne permet de se Confesser & Communier, il suffit en tel cas, d'auoir Contrition de ses Pechez, auec vn ferme propos de les Confesser, au moins au lieu où tend le Voyage.

Auant que de partir, il faut encore que le Pelerin fléchisse les genoux, ou en l'Eglise, ou en sa Maison, & y face sa Priere, demandant à Dieu sa saincte conduite ; & à la bien-heureuse Vierge sa Mere, son assistance, pour accomplir heureusement son Voyage, à honneur & gloire.

Il faut aussi qu'il inuoque son bon Ange, afin qu'il l'accompagne & garde en chemin. Si le Pelerin est sous la puissance d'vn Pere, d'vne Mere, d'vn Tuteur, & d'vn Superieur spirituel, ou temporel, il ne doit point partir sans leur congé ; de crainte de manquer à l'obeïssance ou seruice qu'il leur doit. Il est aussi bien-seant à l'Humilité Chrestienne, quoy que l'on n'y soit pas precisément obligé, de prendre congé de son Prelat, ou Curé, & de receuoir sa Benediction, auant que de se mettre en chemin.

Durant le Voyage, il importe grandement au Pelerin (puis qu'il s'employe à vne œuure saincte) que toutes ses Pensées, ses Paroles & ses Actions soient sainctes, s'il en veut tirer quelque profit spirituel ; & à cette fin qu'il donne entierement congé au soin & affection de ses affaires domestiques, & temporelles ; & ne se propose deuant les yeux que

Dieu,

Dieu, & la bien-heureuſe Vierge ſa Mere ; Qu'il ne
ſe deſtourne, ou s'arreſte, pour voir les lieux de
plaiſir ; ou s'il en void par rencontre, & ſans deſſein,
qu'il les regarde comme choſes vaines & paſſage-
res ; Qu'il fuye les mauuaiſes Compagnies, & ne
s'accoſte que de Perſonnes deuotes, & de probité ;
Qu'il ait pour ſes plus doux entretiens, la Vie, la
Mort, & la Paſſion de noſtre Seigneur ; & pareille-
ment la Vie, les Vertus, la Gloire, & les Miracles
de ſa bien-heureuſe Mere, & les autres Hiſtoires
ſainctes. Qu'il ne s'adonne qu'à de bonnes œuures,
& ſe garde ſoigneuſement des mauuaiſes. Aller par
les Tauernes, yurongner, y gauſſer, chanter des
chanſons vaines, & danſer, ce ſont actions de gens
deſbauchez, & non de Pelerins. Durant le Pelerinage d'Egypte en la Terre-ſaincte, Dieu chaſtia
ſi ſeuerement ſon Peuple, pour auoir demandé de
la chair, & en auoir mangé par gourmandiſe, qu'vn
grand nombre en mourut ſur la place : Et vne autre
fois, comme il chantoit autour du Veau d'or, il en
fit paſſer vingt-trois mille d'entr'eux au fil de l'eſ-
pée. Il ne faut pas ſe ioüer à Dieu, ny ſous l'apparence d'vn Pelerinage ſainct, commettre des excez
& des inſolences prophanes, deſquelles ſi le Pe-
cheur n'eſt puny ſur le champ, le chaſtiment qu'il
en receura vn iour, ſera d'autant plus rigoureux,
qu'il eſt differé. Ce n'eſt pas que le Pelerin laſſé du
chemin, ne puiſſe prendre ſa refection, & ſe reſ-
iouïr honneſtement, pourueu que ce ſoit auec
action de graces, & en gardant par tout la ſobrieté

G

& la modeſtie Chreſtienne. Ainſi fuyant les occaſions des mauuaiſes œuures, il aura ſoin de s'employer aux bonnes, qui ſont compriſes ſous l'Oraiſon, le Ieuſne, & l'Aumoſne. Il faut qu'il pratique l'Oraiſon à toutes heures, mais ſpecialement le matin à ſon leuer, auant toute autre choſe, rendant graces à Dieu de ſes bienfaits, luy offrant ſon cœur, & toutes ſes Penſées, ſes Paroles, & ſes œuures; & luy demandant ſa Grace, pour paſſer la iournée à ſon ſeruice ſans peché.

Il doit ſalüer auſſi ſa bien-heureuſe Mere, s'offrir à elle, & luy demander ſa protection, & ſon aſſiſtance particuliere; ſe recommander encore à ſon bon Ange, & au Sainct qu'il a pour Patron; reciter à cette fin les Prieres & les Oraiſons accouſtumées. Le ſoir il doit faire l'examen de ſa Conſcience, & d'autres Prieres à Dieu, & à la bien-heureuſe Vierge, ſelon ſa deuotion, auant que ſe coucher. Il faut qu'il aſſiſte chaque iour à la Meſſe, s'il eſt poſſible, & qu'au reſte du iour, ſoit en cheminant, ſoit en repoſant ſouuent, il prie Dieu, en recitant tantoſt le Chapelet ou Roſaire, tantoſt les Litanies de Ieſus, de la ſaincte Vierge, & des Saincts. Il peut encore chanter des Hymnes & des Cantiques ſpirituels en chemin; & s'il eſt Eccleſiaſtique, reciter ſes Heures Canoniales, & les petites Heures de Noſtre-Dame; en ſorte qu'il puiſſe dire auec Dauid, *Ie chantois vos iuſtifications, durant mon Pelerinage.*

Quant au Ieuſne, de la façon qu'il eſt gardé, & pratiqué en l'Egliſe, il eſt difficile à ceux qui voya-

gent; mais au moins doiuent-ils faire quelque Abſtinence, ou eſtre ſobres en leurs repas.

Le trauail du Pelerinage, entrepris pour l'honneur & la gloire de Dieu, ſuppléra à vne plus rigou-
reuſe Abſtinence du manger, toutes les peines &
auſteritez du corps eſtans compriſes ſous le nom
general du Ieuſne. Ceux qui volontairement font
le Voyage de Noſtre-Dame de Lieſſe à pied, ont
les Anges pour eſcorte, comme Tobie; & le bon
Ieſus en leur compagnie, comme les deux Diſci-
ples allans en Emaüs. La douce Vierge, ſecourable
à tous les Trauaillez qui la vont honorer, aux Ho-
ſteleries & aux Hoſpitaux eſſuye leurs ſueurs, re-
ſtaure leurs corps laſſez, auec vne conſolation toute celeſte. Ceux qui n'y peuuent aller à pied, s'ils
taſchent de marcher quelque lieuë par iour, peu,
plus, ou moins, auront part à cette meſme conſolation.

L'occaſion s'offre de pratiquer l'Aumoſne, durant le Pelerinage, à toutes heures, ſoit à la rencontre des Pauures paſſans, ſoit en viſitant les Egliſes,
les Monaſteres, & les Hoſpitaux des Bourgs & des
Villes, eſquelles il faut loger, où en la face du Souf-
freteux, le Pelerin doit contempler Ieſus ſon Sauueur, qui a dit: *Ce que vous auez fait à l'vn de ces plus
petits, vous me l'auez fait.* Que s'il n'a moyen de le
ſecourir corporellement, au moins qu'il luy face
l'Aumoſne ſpirituellement par vn accueil, luy de-
ſirant du bien, le conſolant, & priant Dieu pour
luy.

Le Pelerin doit encore executer les autres œuures de Misericorde, spirituelles, & corporelles,
comprises sous le nom general de l'Aumosne, selon
les occupations qui s'en peuuent presenter, & spe-
cialement corriger & reprendre les Blasphema-
teurs du nom de Dieu, les Detracteurs, & ceux qui
tiennent des propos dissolus, ou qui chantent des
chansons deshonnestes ; bref tous ceux qu'il verra
offenser Dieu, en quelque sorte que ce soit. Et cette correction se fera auec douceur & charité, s'il y a
esperance d'amendement & de fruict, adioustant
à la Remonstrance le bon Exemple.

A l'arriuée de Nostre-Dame de Liesse, si tost que
le Pelerin aduise sa saincte Chapelle, il doit estre
saisi d'vne ioye interieure. Puis fléchissant les genoux, & s'humiliant du cœur & de la pensée, tesmoigner le respect qu'il luy porte, & le ressenti-
ment qu'il a de la veuë : Comme aussi, saluer la
bien-heureuse Vierge, que l'on vient de toutes
parts honorer, en recitant ou chantant vn *Salue
Regina*, ou quelque autre Hymne, Cantique, ou
Oraison en son honneur. Il faut encore qu'estant
arriué, sa Deuotion redouble, ou s'il en a manqué,
qu'elle commence ; premierement en faisant vne
bonne Confession, ou la reïterant, s'il l'auoit faite
auant que de partir ; puis en receuant le precieux
Corps de nostre Seigneur, afin qu'ayant auec soy
le Fils, il trouue la Mere plus fauorable. Mais il ne
doit pas se presenter deuant elle les mains vuides,
pour luy rendre graces des biens qu'il en a receus,

ou

ou pour obtenir des dons & des graces de sa libe-
rale main. Il faut luy tesmoigner l'affection qu'on
luy porte par quelque offrande, pour l'entretien
& decoration de son Eglise selon ses moyens; le
Pauure, s'il donne peu, prenant pour sa consola-
tion ce que nostre Seigneur dit de la femme vefue,
qui n'auoit mis que deux deniers dans le Tronc,
qu'elle seule y auoit plus mis que tous les autres;
dautant que les autres auoient donné de ce qui leur
estoit superflu, & elle de ce qui luy estoit necessai-
re. Le Pelerin, qui auec ces conditions se iettera
aux pieds de la saincte Vierge, representée par son
Image celeste, & qui auec toute la Deuotion pos-
sible, luy adressera ses Oraisons, n'en partira pas
sans estre exaucé, & consolé.

Apres les Vœux accomplis, & les Deuotions
acheuées, en la saincte Chapelle de Nostre-Dame
de Liesse, il faut en retournant pratiquer les mesmes exercices de Deuotion & de Pieté, que nous
auons dit deuoir estre faits, en s'y en allant. Quelques-vns sur leur retour, se licentient volontiers,
& relaschent leur ferueur, estimant estre quittes de
leur Deuotion en l'Eglise de Liesse: mais c'est vn
abus; il faut au contraire en partir plus Deuot
qu'auparauant; autrement le Pelerinage seroit
sans fruict; car au chemin de la Vertu ne se point
aduancer, c'est reculer. Donc que le Pelerin s'estu-
die de faire quelques progrez spirituels en exercices
iournaliers, & qu'il tesmoigne par ses paroles & par
ses œuures, que ses pensées perseuerent à s'entre-

tenir auec Dieu, & sa bien-heureuse Mere. Quand il sera arriué en sa maison, qu'il leur rende graces, & à son bon Ange aussi, de son heureux retour, & ne tienne pourtant son Pelerinage pour accomply : Car ce qu'il a fait iusques alors, s'il s'en est bien acquitté, n'est qu'vn modele de ce qui luy reste à faire tout le temps de sa Vie, qui n'est qu'vn continuel Pelerinage, & vn acheminement à la Mort ; & c'est le fruict principal que le Chrestien doit tirer de ses Pelerinages, d'apprendre à détacher son affection de sa Maison, & de toutes les choses de la terre, qu'il faudra bien-tost quitter, à la fin du Pelerinage de cette vie briefue. Qu'il s'accoustume donc à n'y viure qu'en Estranger & Pelerin, ainsi qu'ont tousiours fait tous les Seruiteurs de Dieu, afin que tenant le chemin qu'ils luy ont frayé, il puisse arriuer auec eux au Ciel, son vray Païs, & demeure eternelle, où seulement abonde la Ioye, & où le Contentement est parfait.

L'HEVREVX
VOYAGE DES
QVATRE PELERINS.

'AY chanté les *Vertus* dignes d'eſtonnement,
De la *Mere de Dieu*, qui regne au *Firma-*
ment:
Mais ce n'eſt pas aſſez; il faut que ie deſcriue
Dans ces *Vers* conſacrez à la *Source* d'Eau viue,
L'heureux Pelerinage, au milieu des *Lauriers*
Sainctement accomply par quatre *Auanturiers*,
Inuincibles aux coups, qui dans l'effroy des *Armes*,
Leur donnoient, mais en vain, alarmes ſur alarmes;
En vn temps où les *Champs* pillez de toutes parts,
Eſtoient rouges du ſang qu'ependoit le *Dieu Mars*.
A ces quatre *Deuots Dieu* fut touſiours propice,
La Vierge fut leur *Guide*, & leur tres-ſainct *Auſpice*,
Leur Cœur dans les chemins, ſans iamais ſe changer,
N'apprehenda iamais, ny perte ny danger.
  Deux corps liez du nœud du ſacré *Mariage*,
D'où leur eſtoit venu l'ineſtimable gage,
D'vne Fille & d'vn *Fils*, dont les perfections
Leur acqueroient les cœurs, & les affections;
E'pris d'vn zele ardent d'aller voir à *Lieſſe*,
La Mere du *Sauueur*, & leur chere *Princeſſe*.

A qui dés leur ieune âge ils s'estoient consacrez,
Et leurs Enfans aussi, par de mesmes degrez.
Vers la fin du Printemps, où le Flambeau du Monde
Modere sa chaleur, sur la terre, & sur l'onde,
Et la blonde Cerés n'estale pas encor
Sur la face des Champs, sa cheuelure d'or;
Apres estre sortis de l'enclos de Lutece,
Prirent le grand chemin du Sainct Bourg de Liesse.
La Vierge les conduit, c'est leur Astre & leur Nort,
Par elle ils ne sçauroient que surgir à bon Port.
Qu'ils aillent seurement, & qu'apres leur Priere,
Ils se laissent guider à sa viue Lumiere:
Pendant que sous son aide, & sous son bon plaisir,
Ie descriray le tout, auec vn sainct loisir.

Ils quittent le Bourget, & ces lieux de plaisance,
Que pour estre moins long, ie passe sous silence;
Ie veux voir seulement les diuines Maisons,
Et les Temples sacrez aux sainctes Oraisons.
Nostre Dame aux Vertus, est par tout estimée,
Et d'vne saincte Amour, vne Ame est enflammée,
Quand d'vne ferme Foy, visitant ce sainct Lieu,
Elle inuoque le Nom de la Mere de Dieu.
Montmartre n'est pas loin, où de là l'on contemple
De l'Apostre François le Royal & Sainct Temple,
Que jadis Dagobert, Monarque Valeureux,
Fit bastir à l'honneur du Martyr Bien-heureux,
Accompagné par tout de Rustic, d'Eleuthere,
Qui nous ont enseigné le Sacré Salutaire,
En apportant chez nous la Foy dés le Berceau,
Et nous l'ont enseignée, en la seellant du Seau

De

De leur Sang épandu, dont rougirent les plaines,
Auecque les sentiers des Collines prochaines.

Tant à gauche qu'à droit, paroissent des Chasteaux,
Qui ne sont pas moins forts, qu'agreables & beaux,
Que ie ne pretends point mettre en ligne de conte,
Ny dire qu'icy l'Art la Nature surmonte.
En suite deuant nous se presentent Roissy,
Ecoüen, & la Barre, auec Montmorency;
Nous estions tous rauis de leurs belles allées,
Des fruicts & des moissons, des Monts, & des Valées.
Mais tous ces beaux objets n'apaisoient pas la faim,
Tel diuertissement nous sembloit estre vain;
Et quoy que de ces lieux nous vissions les merueilles,
Nostre ventre grondoit, & n'auoit point d'oreilles:
Arriuez au Mesnil, le grand, & le petit,
A force de manger, cessa nostre appetit,
Apres qu'on eut disné, l'on rentre dans le Coche,
L'on chante, l'on sommeille, & du giste on approche:
Tirant tousiours païs, à Dampmartin on voit
Vn Chasteau si riant, que mesme il en creuoit.

Les ombres s'alongeoient, & la Lune argentine
Blanchissoit le Valon, & la verte Colline;
Desia mesme la Nuict couuroit de son manteau
Les Pauillons dorez du superbe Chasteau,
Que possede à Nanteuil vn Mareschal de France,
Lieu tout delicieux, & Maison de plaisance;
Lors que nos Pelerins, & le reste des gens,
Ioyeux d'estre arriuez, habiles, diligens,
Pour donner du relasche à leur Pelerinage,
Descendirent du Coche, au logis du Sauuage:

Roissy.
Ecoüen.
La Barre.
Montmo-
rency.

Au Mesnil
Madame
Rense.
4. lieües.

Bourg &
Comté de
Dampmar-
tin, apparte-
nant à Mo-
seigneur le
Prince.
2. lieües.

Nanteuil.
3. lieües.

I

Nous prifmes en ce Bourg, & repos & repas,
Dont nos corps fatiguez goufterent les appas;
Et bien à peine encor l'Aurore aux doigts de Rofes,
Nous annonçoit le Iour dans fes barrieres clofes;
Lors qu'au bruit du Cocher, allant du bas en haut,
Les Dormeurs effrayez, s'éueillent en furfaut;
Alors nous tenans prefts, pour hafter le Voyage,
Nous rentrons dans le Coche, auec noftre Bagage;
Et fifmes mainte lieuë, auant que le Soleil
Euft efchauffé les Champs des rayons de fon œil:
D'abord nous defcouurons dans vn Païs aimable,
De la Foreft de Rets le feuillage agreable;
Nous eufmes le plaifir du frais, & des Oyfeaux,
Tant que roula le Coche en des chemins fi beaux.
Prefqu'au milieu du Bois, nous mifmes pied à terre,
Dans vn val raboteux, que le fentier enferre,

Villiers Cot-　　*Arriuez à Villiers, apres vn peu de temps,*
trets.　　*Nous y difnames tous, fatisfaits & contens,*
4. lieües,　*Grace renduë à Dieu, l'vn fe met à fon aife,*
L'autre auant que marcher, s'endort fur vne chaife;
L'vn porte à fes Amis des nouuelles de Cour,
Et l'autre d'vn Picquet iouë, vn tour & retour:
Celuy-cy curieux des chofes qu'il agrée,
S'entretient à part-foy de ce qui le recrée.
Chacun fuit fon caprice en toute liberté,
Attendant le Cocher dans le temps limité:
Apres fur le Bureau les pieces l'on rapporte,
Où l'Arreft interuient, mais le plus fort l'emporte,
Quelques-vns cependant, pour mieux fe diuertir,
Vifitent le Chafteau, qu'autrefois fit baftir

Vn de nos Souuerains, dans cette Foreſt ſombre,
Où touſiours en Eſté l'on peut aller à l'ombre :
Ce Prince dédia cette belle Maiſon,
A la Chaſſe du Cerf, & d'autre Venaiſon.
   Comme chacun fut preſt, le Cocher touchant viſte,
Pour prendre dans Soiſſons le ſouper & le giſte,
Tout proche le grand Parc, à l'vn des coins du Bois,
L'on ouït vn Concert de rauiſſantes Voix,
Qui venoient d'vn Conuent, où des Vierges pudiques,
Au Monarque des Cieux adreſſoient des Cantiques.
Heureuſes par trois fois de ſeruir vn Eſpoux,
Si fidele, ſi bon, ſi traitable, ſi doux,
Et d'auoir, en quittant les Vanitez du Monde,
Sceu vaincre les Demons, & cette Chair immonde,
S'abreuuant à ſouhait des diuines Liqueurs,
Pour en fortifier leurs Ames, & leurs Cœurs.
   Sortis de la Foreſt, on rentre en la Campagne,
Là ſe void vn Vallon, vn Bois, vne Montagne,
Vn Coſtau verdoyant, vn Pré qui rit aux yeux,
Et là coule vn Ruiſſeau, qui plaiſt encore mieux :
Les treſors naturels de ce Païs champeſtre,
Font dire aux Pelerins, Qu'il fait icy bon eſtre !
   Pour vn comble parfait des Plaiſirs innocens,
Qui charmoient nos Eſprits, & rauiſſoient nos ſens.
Nous voila paruenus au Valon agreable,
Qui proche de Soiſſons eſt du tout admirable ;
Où chacun hors du Coche achemine ſes pas,
Par le ſentier eſtroit, qui conduiſoit en bas.
Ce Valon eſt remply de maint & maint Bocage,
Et d'vn Criſtal liquide épandu ſur l'herbage.

Apres eftre arriuez au Portes de Soiffons,
Quand le Soleil prenoit le gifte des Poiffons,
Nous prifmes pour logis la Banniere de France,
Defireux d'aborder en vn Port d'affeurance.
Le fouper eftoit preft, le couuert defia mis,
Chacun s'y conuioit, comme on fait entre amis;
Quand vn murmure fourd venant à nos oreilles,
S'épandit parmy nous de chofes nompareilles;

Le garçon du logis, en nous lauant les mains,
Dit qu'aux lieux d'alentour, des Soldats inhumains
Transformez par leur vice en Affaffins infames,
Voloient les Voyageurs, & violoient les Femmes;
Sans efpargner non plus les Deuots Pelerins,
Dedans les grands chemins de Lieffe, ou de Rheims:
Il n'eft fi refolu, qui n'euft à la nouuelle
Fremy d'horrible peur, & troublé fa ceruelle:

Cela de prim'abord eftonna leurs Efprits,
Minutans leur retour, de crainte d'eftre pris:
Mais enfin refolus contre ces Auantures,
Prians le Createur de toutes Creatures,
D'eftre en temps opportun leur Sainct Liberateur,
Et de les deliurer de l'homme malfaicteur;
Ils furent raffeurez, & pleins de confiance,
Prirent tous leur repas auecque patience;

Ils vont rendre leurs Vœux le lendemain matin,
A ce Iour bien-heureux, où le facré Feftin
Du Corps du Fils de Dieu, fe celebre en l'Eglife,
Qu'auec vn zele ardent chacun le folemnife,
Et qu'vn beau Soleil d'or renferme le Soleil,
Brillant fur les Mortels d'vn éclat fans pareil.

Nous

Nous allons de bonne heure ouïr la saincte Messe,
Adorer ce grand Dieu, qui nous a fait promesse
De nous donner le Ciel pour nostre logement,
Si nous le reuerons en terre dignement.

Apres qu'au Tout-puissant nous eusmes fait hômage,
Deuots nous pourfuiuons nostre Pelerinage,
Et voyons à Soissons, auant que d'en partir,
Le Temple spacieux de S. Geruais Martyr,
Patron du Diocese; Eglise magnifique,
Bien claire, & bien croisée, auec vn beau Portique:
Les Chapelles qui sont en l'enceinte du Chœur,
Portent l'amour de Dieu iusques au fonds du cœur:
A la Nef, & par tout, ne se void qu'vne allée,
Et voila sa beauté dans trois mots estalée.

Nous voyons Nostre-Dame, où font vn doux sejour,
Des Vierges, dont le cœur brûle d'vn sainct Amour
Son Temple, bien qu'obscur, excite à la Priere,
Et fait luire dans l'Ame vne saincte lumiere.
Les Minimes aussi sont par nous visitez,
Où l'Art fait remarquer d'excellentes Beautez;
Leur Cloistre estant remply d'vne Peinture saincte,
Des Martyrs de l'Eglise, en toute son enceinte:
Laisne arrouse Soissons de ses coulantes eaux,
Et sous vn Pont fort beau, porte de grands Batteaux.

Ayant veu tous ces lieux, l'on se met en Campagne,
Pour aller droit à Lan, & gaigner sa Montagne,
Par tous ses grands chemins, se descouurent aux yeux
De superbes Palais, sejour des Demy-dieux;
Entr'autres le Plessis, dont la gaye aduenuë,   Le Plessis.
Sembla rauir nos sens, & charmer nostre veuë.

K

Nous difmes tous pourtant, d'vne commune voix,
Que ce Païs n'eft plus ce qu'il fut autrefois.
Comme on void en Efté l'impitoyable grefle
Fondant fur les Effics, les coucher pefle-mefle:
Ainfi les Efcadrons, fous le drapeau de Mars,
Ont inhumainement pillé de toutes parts,
Les biens des pauures gens, defolé la Campagne,
Maffacré le Mary, violé fa Compagne,
Et de tous leurs Hameaux fait vn lieu deferté,
Où ce n'eft que degaft, qu'horreur, que pauureté,
Sans qu'il leur foit refté de ce fanglant outrage,
Que ce qu'ils ont fauué de la maudite rage
Des Soldats, ou pluftoft des Tygres furieux,
Puis qu'on peut affeurer, qu'ils font plus Tygres qu'eux.
Mais ce Mars, dont le fer toutes chofes deuore,

Leurs miferables Corps gefne & bourelle encore;
Ils font pafles, défaits, defcharnez, tranfparens,
Des Fantofmes affreux, des Squelets apparens;
Leurs Enfans, dont la Faim ne peut eftre affouuie,
A chanter & danfer, gueufent leur pauure vie:
Bref c'eft vne pitié de les voir languiffans,
Pleurer, gemir, crier, & fuiure les Paffans.
*   Or en continuant la route commencée,*
Nous allons l'acheuer, l'ayant bien aduancée.

Du Val de Chauignon, apres noftre repas,
Au grand Chemin battu nous tournafmes nos pas:
Mais vn peu plus auant, de mal-heureux Genfd'armes,
Semblant nous aborder, nous remplirent d'alarmes:
Mais noftre Iugement à ce coup fut trompeur,
Et nous eufmes alors moins de mal que de peur.

A la fin nous montons, sans peril ny fortune,
La Montagne de Lan, à nos pieds importune;
Son Eglise fort belle, & ses trois beaux Clochers,
Semblent, à qui les void, de sourcilleux Rochers:
L'Euesque leur Seigneur, est Duc & Pair de France,
Ayant la Temporelle & Celeste puissance.
Ce fut là que chacun du Coche estant sorty,
Quitta son Compagnon, & prit ailleurs party.

   Tandis la Renommée auecque sa trompette,
S'en alloit publiant vne fausse Gazette;
Et tousiours imprimoit la crainte aux Voyageurs,
Du Chemin de Liesse, à cause des Voleurs:
Mais tout ce bruit pourtant fondé sur l'apparence,
Aux quatre Pelerins n'oste point l'asseurance.

   Arriuez à la Ville, à cinq heures du soir,
Sans rafraischissement, & sans mesme s'asseoir,
Du bien qui les attend, ils soulagent leur peine,
S'encouragent l'vn l'autre, & d'vne mesme haleine,
S'en vont droit à LIESSE, à pied durant le chaud,
Renforcez du secours qu'ils attendent d'enhaut;
Car tant plus le chemin les ennuye & les lasse,
Plus ils doiuent auoir de merite & de grace.

   Ils auoient auec eux vn Messager accort,
Qui les mena sans risque à Liesse à bon port.
Cét homme jouial, nommé Maistre Nicaise,
Leur fit passer ce temps doucement & à l'aise:
Il estoit ieune encor, priué d'vn de ses yeux,
Et l'autre qui restoit, ne valoit gueres mieux:
Bon Guide des Chemins, courtois, humble, paisible,
Et pour ces Pelerins il eust fait l'impossible;

Au reste si dispos, qu'il ne tenoit à rien;
Mais sur tout charitable, aymant fort peu le bien:
Quelquefois aux détours il se perdoit de veuë,
Et puis dans vn clin d'œil, il faisoit sa reveuë.
Son eclypse durant, on ne s'ennuyoit pas,

L'Asne du Messager, quoy qu'a-ueugle & âgé, guide tres-asseuré.

Car sa Beste sçauoit les sentiers & les pas :
Passant quelques Hameaux, s'il trouuoit auanture,
Il chargeoit gentiment sa petite voiture :
C'estoit son vray mestier d'aller & de venir,
Et chacun le voyant, vouloit l'entretenir :
Il aymoit riche & pauure, obligeant tout le monde,
Auec vne franchise, à nulle autre seconde.
Voila comme viuoit ce pauure homme des Champs,
Qui pour aimer les Bons, haïssoit les Meschans.

Ainsi nos Pelerins à la fin de leur Voye,
Sont au commencement de la celeste Ioye;
Le Soleil au declin congedioit le Iour,
Et la Sœur d'Apollon éclairoit à son tour,

Le S. Bourg de Liesse. 2. lieües,

Lors que tous quatre ensemble entrerent dans Liesse,
Lieu qui sert aux Deuots de salutaire adresse,
Situé sur des Eaux, dont les flots doux-coulans,
Esteignent des Fiéureux les accez violans.

A leur premier abord, ils baiserent la terre,
De celle, qui terrible ainsi qu'vn Camp de guerre,
Bien rangé d'escadrons, fait peur aux Criminels;
Mais qui procure aux Bons des plaisirs eternels.
Haletans de chaleur à la fin de leur course,

La sacrée Eglise, où re-pose l'ima-ge Miracu-

Pour se desalterer, ils vont droit à la Source :
Il estoit vn peu tard, desia les Sacristins,
Auoient fermé le Temple à tous les Pelerins;

Si bien qu'au grand regret de la Troupe fufdite,
L'entrée à ce foir-là, leur en fut interdite,
Iufqucs au lendemain, que les huis de Sion,
Firent ouurir leurs cœurs à la Deuotion:
Encor la Fefte Dieu n'eftant pas expirée,
Ce iour là finiffoit fon Octaue adorée.

Le Mary cependant courut d'vn pas leger,
Se pouruoir au befoin, & chercher où loger.
Ce fut à S. Michel, fameufe Hoftelerie,
Efcoutez ce recit, ce n'eft point menterie:
Bien à peine il y fut, degoutant de fueur,
Qu'au poinct qu'il s'effuyoit, à l'ardente lueur
De deux ou trois fagots, qui faifoient vne braife,
Dont l'air falubre & fain, le mettoit à fon aife,
Il furuint vne Femme, apres qui peu à peu,
Cinq ou fix à la file enuironnent le feu,
Et chacune à fon tour, à tout coup importune,
Auprés du Pelerin penfoit faire fortune:
L'vne difoit; Monfieur, voicy des Chapelets,
Ils me femblent tres-beaux, ie n'en ay point de laids.
L'autre luy defcouuroit mainte & mainte Couronne,
Des Medailles d'argent, Ma foy ie les vous donne,
Ie n'en demande rien que voftre volonté;
Vous eftes trop braue homme, & trop plein de bonté.
Puis vne autre adiouftoit, Ie vous feray Monarque,
Et couronnoit fon chef de la Royale Marque.

Le Pelerin tout feul, fi fort perfecuté
Par ce Sexe importun d'vn & d'autre cofté,
Ne pouuant compâtir à leur ceremonie,
Penfoit à s'échaper de cette Tyrannie.

leux de la Mere de Dieu.

Tellement que de la grande Ville de Paris iufques au S. Bourg de Lieffe, l'on y compte 32. lieües, & d'autres 35.

Moufches importunes.

Couronne des Pelerins.

Viste, leur disoit-il, retirez-vous d'icy,
Sinon, ie vous mettray dans le plus grand soucy
Que vous eustes iamais en toute vostre vie;
Ie ne veux rien du vostre, & n'en ay point d'enuie.

Sa Femme cependant, arriua là dessus,
Auec ses deux Enfans; Elles luy courent sus,
Et laissent là mon Homme, auec inquietude,
Alleger prés du feu sa grande lassitude.

Le souper estant prest, tous prenans leur repas,
Ces Guespes voltigeoient, & ne s'en alloient pas.
En fin on les pria de faire d'autres courses,
Argent. *Mais rien ne les émeut que le flux de nos bourses.*

Apres auoir alors mangé paisiblement,
Et fait à l'Eternel vn sainct Remerciment,
On couche les Enfans; Puis le Pere & la Mere,
Touchez par l'Examen d'vne douleur amere,
Se mirent dans le lict, le Pere auec le Fils,
La Mere auec la Fille, en liesse confits,
Pour se voir arriuez en cette heureuse Place,
Esperans au matin l'Aurore de la Grace.

Vision. *L'Espouse n'ayant pas fermé l'œil dans son lict,*
Esueille son Espoux, enuiron la Minuict,
Et le prie à l'instant d'allumer la chandelle:
Luy qui tout inquiet, ne dormoit non plus qu'elle,
Sceut d'elle en mesme temps, quel estoit le Soucy
Qui pouuoit l'empescher de clorre le sourcy:
Alors vne lueur à ses yeux inconnuë,
Luy paroist, tantost grande, & puis soudain menuë:
Tantost comme vn Clocher, en pointe se haussant,
Tantost d'autre façon, & puis disparoissant.

Mais touſiours demeura, tant qu'elle fut couchée,
La claire Viſion, à ſes yeux attachée.
Elle en eut quelque peur, qui diſſipée au feu,
Luy fit reprendre haleine, & ſe remettre vn peu.

    Apres s'eſtre habillez, ſans plus auoir d'obſtacle,
Leur plus cher entretien, fut de ce vray Miracle
Que nous auons deſcrit, dont on fit le diſcours,
En attendant qu'au Ciel le Soleil fit ſon cours.

    Si toſt que ſe monſtra l'Aurore colorée,
De Roſes & de Lys confuſément parée,
Les quatre Pelerins d'vn zele tout feruent,
Sortent de ce Logis, & volent comme vent,
Droit au Temple ſacré, lieu vrayment adorable,
Que depuis ſi long-temps, d'vn deſir incroyable,
Ils vouloient contempler, pour y porter leurs cœurs,
Arrouſez & remplis de celeſtes liqueurs.
Mais ne croiroit-on pas la Perſonne inſenſée,
Qui voudroit aſpirer à ſi haute penſée?

    Entrez dans le S. Temple, où ne ſont iamais vains,   Temple.
Les Vœux que les Mortels y font à iointes mains:
Ils inuoquent Ieſus, & la Vierge ſa Mere,
Par qui les Affligez ſe tirent de miſere:
En ce lieu ſacré-ſainct, leurs eſpoirs ſont contans,
Tranſportez d'vn ſainct zele, humbles & repentans;
Puis comme ils ont purgé chacun leur Conſcience,
Ils reçoiuent leur Dieu, remplis de confiance.

    O celeſte Feſtin! ô Banquet Amoureux!
Auquel vn Dieu ſe donne à l'Homme mal-heureux;
Voicy ce Pain viuant, ce ſacré Pain des Anges,
Ce Pain venu du Ciel, eſt fait Pain des Eſtranges.

Dehors prophanes Chiens, fuyez loin de l'Autel,
Ce Pain n'eſt pas pour vous, c'eſt vn Don immortel,
Qui ne ſe fait icy qu'à l'Homme raiſonnable,
En attendant là haut vne eternelle Table :
Courage, Pelerins, renforcez voſtre ardeur,
N'aprehendez plus rien, apres vn ſi grand heur,
Vous eſtes aſſeurez d'emporter la Victoire
Contre vos Ennemis, puis l'eternelle Gloire.

Mais rentrant au Sujet d'où nous ſommes ſortis,
Diſons que nos Deuots de ce Pain aſſortis,
Reclamant mille fois, & Ieſus, & Marie,
Sources d'vne Bonté, qui n'eſt iamais tarie,
Les yeux baignez de pleurs, ſortent de ce S. Lieu,
Luy diſent à regret vn Adieu ſans Adieu :
Car quiconque a pû voir cette ſaincte Demeure,
Voudroit dans ſon enclos retourner à toute heure :
Auſſi peut-on nommer lieu de Promiſſion,
La terre d'où nous vient ce gage de Sion,
Cette Image ſacrée, Ouurage des Archanges ;
Mais Adieu derechef, Objet de nos loüanges,
Adieu Temple ſacré, que ie ne puis quitter,
Où ie deſirerois à iamais habiter,
Et dont le ſouuenir, qui fait toute ma gloire,
Eſt ſi doux à mon cœur, ſi cher à ma memoire.

Deſcription
de l'Egliſe
de Licſſe.

Ce Temple n'eſt pas grand, de tour, & de pourpris,
Mais il eſt enrichy de Pieces de grand prix ;
Sur tout ſon grand Autel, où l'on chante l'Office,
Dont la belle ſtructure eſt d'vn rare artifice :
Il éclatte par tout de Marbre blanc & noir,
Ainſi que le Iubé de ce ſacré Manoir :

Le

Le Soleil eſt tres-riche, où repoſe l'Hoſtie,
Vne tres-belle Salle y ſert de Sacriſtie;
Et c'eſt de ce Lieu ſainct qu'a voulu faire choix,
La Mere du grand Dieu, qui regne ſur les Rois.

Tous quatre proſternez deuant ſa ſaincte Image,
Par de iuſtes deuoirs, luy rendent humble Hommage,
Et leur Ame rauie, eſt dans vn tel tranſport,
Qu'elle ne peut quitter ce ſalutaire Port.
Là s'adreſſent leurs ſoins, là ſe tournant leur veuë,
Par ce diuin Objet de tous biens eſt pourueuë.
Vn deſir tout contraire aux Loix de l'Eternel,
Changea la Femme à Lot en figure de Sel.
Mais ceux-cy regardant ce Temple, & ſes Reliques,
Sont metamorphoſez en Hommes Angeliques.

Mon Dieu! quelles douceurs ne reſſentent-ils pas,
Apres s'eſtre repeus du celeſte Repas!
Que ce Feſtin celeſte aux ſens eſt delectable,
Et contraire à celuy de la terreſtre Table!
L'vn ne peut contenter que le Corps ſeulement,
Et l'autre eſt à noſtre Ame vn diuin Aliment.

O Vierge de Lieſſe, en qui tout heur abonde,
Souueraine du Ciel, de la Terre, & de l'Onde,
Remmenez ſeurement ces Pelerins heureux,
De voſtre ſainct Païs, ſains & ſauues chez eux:
Ie ſçay que vos Bontez, ſi hautes, & ſi grandes,
Ne refuſent iamais de ſemblables demandes.
Tout animé de Foy, i'ay mon recours à vous,
Ie vous requiers mercy, MARIE, exaucez-nous,
Source de toute Grace, & de toute Lumiere,
Eſclairez mon Eſprit, agreez ma Priere,

M

I'éleue à vous mes yeux, tous baignez de mes pleurs,
Ie meurs d'vn sainct Amour, entourez-moy de fleurs,
Faites que voftre Fils me pardonne mon vice,
Et nous soyez à tous fauorable & propice,
Afin qu'à tout iamais dedans l'Eternité,
Nous puiffions contempler la saincte Trinité:
Veuillez des Pelerins qui vont à voftre quefte,
Dans le Bourg de Lieffe, accorder la Requefte.

   Nous fommes de ce nombre, & par Vous triomphans,
Et le Pere, & la Mere, auecque leurs Enfans;
Touchez des mouuemens d'vne humble repentance,
Efpreuuent ce que peut voftre saincte Affiftance:
Fauorifez-nous donc auprês de voftre Efpous,
Et pour Remerciment des Biens receus de vous,
Vierge, permettez nous d'offrir à voftre gloire,
De voftre sainct Transport la veritable Hiftoire,
Que nous auons fait peindre en vn Tableau facré,
Sur voftre grand Autel, humblement confacré;
Et mis au iour depuis, dans ce petit Ouurage,
Qui de la Faux du Temps furmontera l'outrage,
Puis que voftre feul Nom, inuoqué dans ces Vers,
Le peut faire durer autant que l'Vniuers.

FINIS CORONAT OPVS.

Extraict du Priuilege du Roy.

PAR Lettres Patentes de fa Majefté données à
Paris le 15. Octobre 1646. Signées, Par le Roy

en fon Confeil, COLLOT, & feellées du grand
Seau de cire iaune, Il eft permis au Sieur de S. Peres,
Confeiller, Treforier Payeur de la Gendarmerie de
fadite Majefté, de faire imprimer pendant cinq an-
nées, par tel Imprimeur qu'il voudra, *l'Hiftoire de
Noftre-Dame de Lieffe, nouuellement compofée en Vers
François, & enrichie de plufieurs Figures en Taille-
douce, Auec le Sommaire de ladite Hiftoire, Inftru-
ction des Voyageurs, & Voyage des quatre Pelerins:*
Et pendant ledit temps, defenfes font faites à
tous Imprimeurs, Libraires & autres perfonnes,
de les imprimer, vendre & diftribuër, fi ce n'eft du
confentement de l'Expofant, fur peine de deux mil
liures d'amende, confifcation, & autres peines plus
amplement contenuës audit Priuilege, A la charge
de mettre deux Exemplaires en la Bibliotheque de
fadite Majefté.